NOUVEL ALPHABET Mnémonique.

Nouvel
ALPHABET
MNÉMONIQUE.

NOUVEL ALPHABET

MNÉMONIQUE,
SYLLABAIRE
AMUSANT

ORNÉ DE 66 FIGURES,

A PARIS,

CHEZ DELARUE, LIBRAIRE, QUAI DES AUGUSTINS, 11;
ET A LILLE, CHEZ BLOCQUEL-CASTIAUX.

LILLE. — TYP. DE BLOCQUEL-CASTIAUX.

A a a *A a A a.*

ASTRONOME.

B b b *B b* ℬ ℓ.

B

BATEAU.

C c c 𝒞 c 𝒞 c.

CHEVAL

D d d 𝒟 𝒹 𝔇 𝔡.

DANSE.

E e e *E e* ℰ *e.*

ÉLÉPHANT

F f f 𝓕 𝓯 𝔉 𝔣.

FORTERESSE.

G g g *G g G g.*

GILLES — GASTRONOME.

H h h H h H b.

HANNETONS — HIBOU.

I i *i* 𝓘 *i* 𝓘 *i*.

INDIGENT. IMAGE.

J j j *J j J j*

JET D'EAU.

K k k 𝒦 𝓀 𝔎 𝔨.

KIOSQUE. — KAKATOÈS.

L l l *L l* L l.

LIONS.

M m m *M m* ℳ ɯ

MOSQUÉE.

N n n *N n N u.*

NAIN.

O o o O o O o

OREILLE. — OBÉLISQUE. — ORANGER.

P p p *P p* P p.

PAILLASSE.

Q q q *Q q Q q.*

QUENOUILLE. — QUINQUET.

R r r *R r R r.*

RHINOCEROS.

S s s *S s S s*

SERPENT.

T t t T t T t.

TOMBEAU

U u u *U u* 𝒪 *u.*

UNION. — URANIE. — URNE.

V v v 𝒱 v 𝒱 v.

VASE. — VIOLONS.

X x x *X x X x.*

XE, XE. — XANTHE. — XANTHÈME.

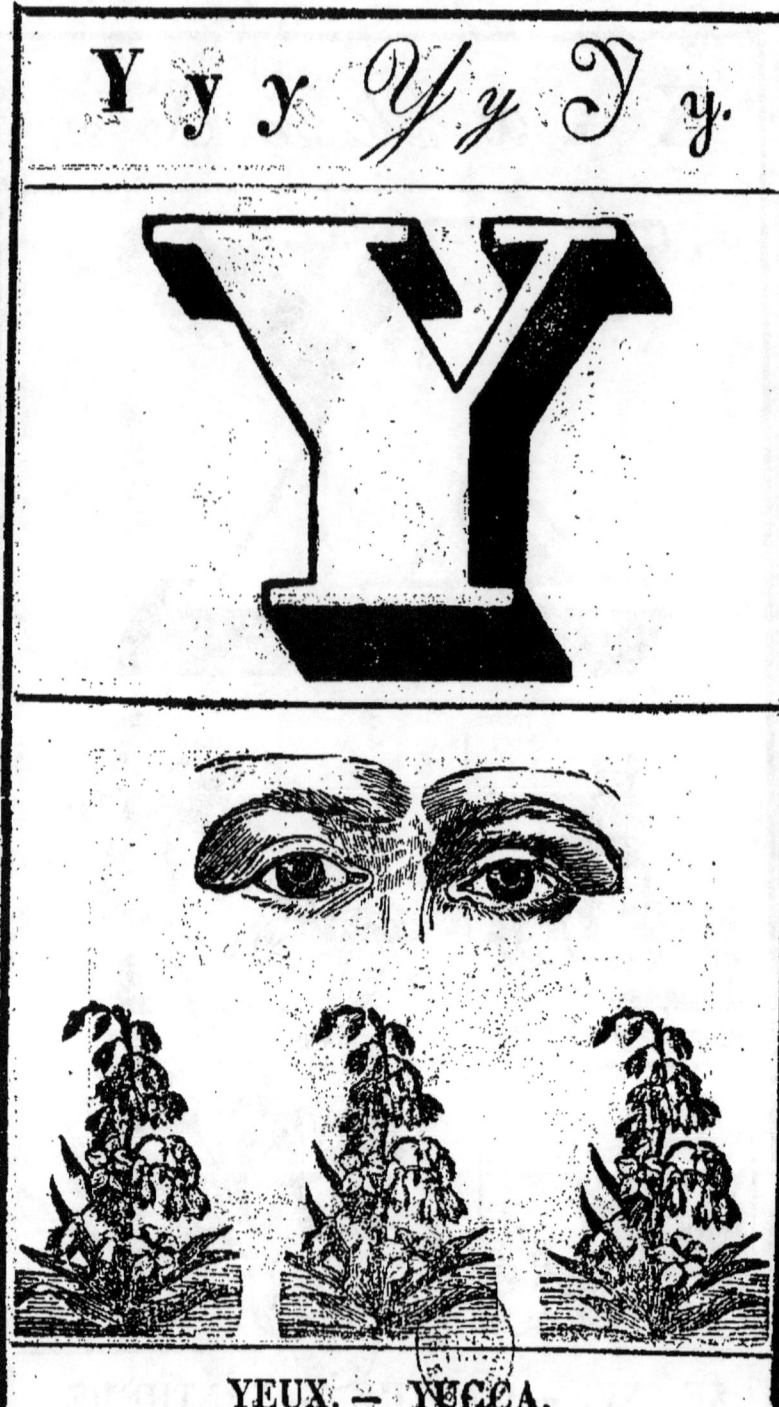

YEUX. — YUCCA.

Z z z *Z z* 𝓩 𝓏.

ZÈBRE

Lettres Majuscules.

A B C D E F
G H I J K L
M N O P Q R
S T U V W
X Y Z Æ OE.

Lettres Minuscules.

a b c d e f g
h i j k l m n
o p q r s t u v
w x y z æ œ.

Lettres Italiques.

*a b c d e ſ g
h i j k l m n
o p q r s t u v
w x y z æ œ.*

Lettres de Ronde.

a b c d e ſ g h i j
k l m n u o p q r
s t u v w x y z.

SYLLABAIRE.

a e i ou y o u
ba be bi bo bu
ça *ce* *ci* co cu
da de di do du
fa fe fi fo fu
ga *ge* *gi* go gu
ha he hi ho hu
ja je ji jo ju
ka ke ki ko ku

la le li lo lu
ma me mi mo mu
na ne ni no nu
pa pe pi po pu
qua que qui quo qu
ra re ri ro ru
sa se si so su
ta te ti to tu
va ve vi vo vu
xa xe xi xo xu
za ze zi zo zu

MONOSYLLABES.

Ail.	Nez.
Bon.	Os.
Cor.	Plat.
Dé.	Queue.
Est.	Rat.
Feu.	Son.
Gros.	Trait.
Il.	Un.
Jet.	Veau.
Kan.	Xi.
Lin.	Yeux.
Mat.	Zée.

MOTS SYLLABÉS.

A zor.	Na non.
Bam bin.	Oi seau.
Cou teau.	Pa trie.
Da mier.	Qua tre.
E lan.	Rai sin.
Fa lot.	Sou lier.
Gâ teau.	Ta lon.
I dée.	U nion.
Jar din.	Va leur.
Ka rat.	Xer cès.
Lo to.	Y acht.
Ma man.	Zé non.

Ca | ba | ne.
Ca | ba | ret.
Ca | ptu | rer.
Da | moi | seau.
Dé | chi | rer.
E | tre | nner.
Fan | tai | sie.
Gra | pi | ller.
Im | po | stu | re.
In | con | ti | nent,
Ju | di | cieux.
Ju | ri | di | que.

La | pi | dai | re.
Lai | tiè | re.
Ki | ri | el | le.
O | ri | gi | nal.
Né | gli | gen | ce.
Ma | sca | ra | de.
Par | do | nna | ble.
Se | cou | ra | ble.
A | na | to | mi | que.
Au | then | ti | que.
Ban | que | rou | te.
Ci | vi | li | sa | tion.

Dé | sin | té | res | sé
Ex | co | mmu | nié.
Fa | bu | leu | se.
Ges | ti | cu | ler.
Ha | bi | tu | el | le.
In | co | ri | gi | ble.
Ju | sti | fi | ca | tion.
Li | mo | na | dier.
Ma | nu | fa | ctu | re.
Na | tu | rel | le.
Ob | sti | na | tion.

CHIFFRES.

1 Un	**2** Deux	**3** Trois	**4** Quatre	**5** Cinq
6 Six	**7** Sept	**8** Huit	**9** Neuf	**10** Dix
11 Onze	**12** Douze	**13** Treize	**14** Quatorze	
15 Quinze	**16** Seize	**17** Dix-sept	**18** Dix-huit	
19 Dix-neuf	**20** Vingt	**30** Trente	**40** Quarante	
50 Cinquante	**60** Soixante	**70** Soixante-dix	**80** Quatre-vingts.	
90 Quatre-vingt-dix.	**100** Cent	**200** Deux Cents		

PHRASES A SYLLABER.

Mon pe|tit gar|çon ai|me à jou|er, mais il doit aus|si ai|mer à li|re.

Voy|ez ce beau pe|tit se|rin, co|mme ses yeux sont vifs ! Re|gar|dez ses plu|mes, ses bel|les ai|les et sa lon|gue queue,

Voi|là u|ne sou|ris. Ah ! pau|vre sou|ris , sau|vez vous dans vo|tre trou , ou quel|que chat vous at|tra|pe|ra.

Bril|lant est un bon chien. Il sait chas|ser et gar|

der no|tre mai|son. Il a|boie, mais il ne mord pas. Je vais lui don|ner un os.

Je veux ca|res|ser Bril|lant, et lui do|nner à man|ger. Il vien|dra se pro|me|ner a|vec nous.

Re|gar|dez cet|te truie, a|vec ses dix pe|tits co|chons : com|me ils crient, et com|me ils gro|gnent.

Je vous a|che|te|rai un li|vre, si vous vou|lez ap|pren|dre à li|re.

Je|tez cet|te or|du|re. Re|gar|dez

vos mains. Al|lez vi|te les la|ver.

Je vous prie de li|re deux fois au|jour|d'hui dans vo|tre li|vre.

Ap|pre|nez bien vo|tre le|çon.

Je se|rai bien fâ|chée que mon fils ne sût pas li|re.

PHRASES,
OU EXERCICES DE LECTURE.

Lorsqu'on sait lire on s'instruit en s'amusant.

La bonne vieille lit et raconte de belles histoires à ses petits enfants.

La prière de l'enfant est agréable à Dieu, Adolphe prie pour ses parents.

La petite Justine apprend le catéchisme pour connaître, aimer et prier Dieu.

Un petit garçon s'était égaré, Dieu qu'il pria, lui fit retrouver son chemin.

Le petit Ernest et la petite Elise ont été embrassés par leur maman, parce qu'ils avaient été bien sages.

Maman, pourquoi portez-vous ma petite sœur ? — Jules, c'est parce qu'elle est trop jeune et trop faible pour se tenir sur ses jambes.

Il y a une escarpolette dans notre jardin. Papa a défendu de nous y balancer, avant qu'il en ait fait assurer les cordes.

Monsieur Polichinel est aujourd'hui plus divertissant que la dernière fois que je l'ai vu, il fait de grands écarts en dansant.

Le petit imprudent a tué sa sœur en jouant avec un fusil.

Nous avons été avec Papa visiter un blessé. Nous avons trouvé une biche à côté de son lit.

Claudine, la marchande de cerises, viendra tantôt avec son cheval, pour nous apporter des bigarreaux.

La vache est un animal précieux qui nous donne du lait avec quoi l'on fait du beurre et du fromage.

Ce pauvre paysan est bien fatigué. Il a tant travaillé et tant marché.

Les enfants bien élevés s'apprennent mutuellement ce qu'ils savent le mieux ; c'est pourquoi Nelly enseigne la lecture à son frère.

Mon frère est arrivé ce matin, je l'ai embrassé de tout mon cœur.

Louise n'a pas étudié sa leçon ; c'est une faute grave dont elle a demandé pardon à sa Maman.

L'éléphant blanc est un animal très-rare ; celui que nous figurons ici appartient au grand Mogol.

Maman nous a bien amusés dimanche après-midi ; elle a chanté en s'accompagnant sur le piano.

Charles ira dans la belle voiture de son Papa, s'il dit bien sa leçon.

La diligence dans laquelle nous sommes allés à Paris, était pleine de monde ; elle était attelée de quatre chevaux.

Papa a reçu une lettre de mon frère, il nous en a lu quelques passages.

Lorsque nous avons satisfait notre maître, il nous permet de jouer aux soldats.

Alexandre, si tu es docile toute la journée, nous irons demain au château de Madame de Similton.

Ma cousine a dansé à la corde une grande partie de la journée. Elle a promis de m'apprendre à sauter comme elle.

Les petits désobéissants vont périr pour être entrés dans un bâteau que le courant entraîne.

La première de ces quatre têtes est celle d'un lion ; la seconde celle d'un sanglier ; la troisième celle d'un loup ; et la quatrième celle d'un tigre.

LE CHEVAL DU PETIT CHARLES.

Papa, prêtez-moi votre canne, je vous prie.

Pourquoi donc, mon fils ?
J'en veux faire mon cheval.
Voyez-vous ?
Voici mon fouet.
Allons, au galop.
Fort bien, Charles, à merveille.
Prenez garde au fauteuil.
Allez à présent.
Faites trois tours dans la chambre.
Un, deux, trois.
On ne peut pas mieux.
Il faut maintenant donner trois baisers à votre maman.

PAPILLON ! JOLI PAPILLON !

Voilà un joli papillon.
Comme il a de belles couleurs !
Tâchons de l'attraper.

Où allez-vous, joli papillon ?

Bon ! le voilà de l'autre côté de la haie.

Il est plus leste que nous.

LA LEÇON DE LECTURE.

Bonjour, Charles.

Venez vous asseoir sur cette petite chaise qui est à mes pieds.

Bon. Posez votre livre sur mes genoux.

Je vais prendre une grande épingle pour vous montrer vos lettres.

Nous allons bien nous amuser, je crois.

Ce livre est fait tout exprès pour réjouir les enfants.

C'est un bien grand plaisir de savoir lire tout seul.

Voyez comme je suis aise quand je lis.

Vous serez bien aise, à votre tour, quand vous saurez lire.

Vous trouverez dans votre livre les plus jolies histoires.

Elles sont justement à votre portée.

Allons, il faut nous dépêcher d'apprendre.

Êtes-vous prêt ?

Commençons.

LES BONNES NOUVELLES.

Venez, Charles, venez.

J'ai de bonnes nouvelles à vous apprendre.

Voici Nanette qui revient de la foire.

Attendez un moment, vous n'avez pas besoin de courir.

Je lui ai fait signe de monter ici tout droit.

Elle a bien des choses dans son tablier.

C'est vous, Nanette ? entrez.

Voyons. Que nous apportez-vous ?

Ha, ha ! un petit chariot ! des quilles ! un bilboquet !

Pour qui tous ces joujoux, je vous prie ?

C'est pour Charles, madame.

Pour moi ! oh ! grand merci, ma chère Nanette.

Eh bien ! mon fils, vous le voyez, Nanette pense toujours à vous.

Si vous alliez jamais la chagriner, nous ne serions plus bons amis.

Vous seriez trop méchant.

SOPHIE ET SON CHAT.

La petite Sophie avait un chat gris, nommé Zizi, qu'elle aimait beaucoup. C'est fort bien fait sans doute d'aimer son chat ; mais l'amitié de Sophie pour Zizi était si folle, qu'elle ne pensait qu'à lui seul, et qu'elle employait la plus grande partie de son temps à le caresser et à le faire jouer avec elle.

Pour la faire apprendre à lire, on fut obligé d'envoyer Zizi dans une maison éloignée. De cette façon tout rentra dans l'ordre. Zizi n'étant plus distrait de ses fonctions, délivra sa nouvelle demeure des rats qui la ravageaient, et Sophie après avoir essuyé ses larmes, apprit très-exactement ses leçons.

L'HONNÊTE PETIT GARÇON.

Un *Pâtissier* qui allait sur un chemin, en portant sur sa tête une corbeille pleine de gâteaux, en laissa tomber quelques-uns, sans s'en apercevoir. Un petit garçon marchait à quelques pas derrière lui. Il vit tomber les gâteaux, courut les ramasser, et les rendit à leur maître. Je vous remercie, mon petit ami, lui dit celui-ci. Mais pourquoi ne les avez-vous pas mangés ? Parce que cela n'aurait pas été bien, répondit le petit garçon. Ces gâteaux sont à vous, et je ne dois pas prendre ce qui ne m'appartient pas. Voilà qui est fort bien pensé, répliqua le *Pâtissier*. Vous avez fait votre devoir en me les rendant. Mais puisque vous avez été si honnête, je veux vous en donner deux pour votre récompense. Le petit garçon les reçut, en le remerciant; et il courut partager ce déjeûner friand avec son frère, ainsi que doit le faire tout enfant qui veut se faire aimer.

LA PETITE ETOURDIE.

Laurette voulant ramasser une aiguille qu'elle avait laissé tomber, prit sur la table un flambeau qu'elle mit à terre. En se baissant étourdiment, elle avança sa tête si près de la bougie, que le feu prit tout d'un coup à son bonnet. Comme le bonnet était attaché avec des épingles, il ne fut pas possible de l'enlever. La flamme eut bientôt brûlé toute sa coiffe et tous ses cheveux. Sa tête entière fut couverte de grosses ampoules. Elle en eut même sur les deux joues. Il s'écoula bien du temps avant qu'elle pût en guérir; et tant qu'elle vécut, il lui resta sur le visage deux grandes cicatrices, pour apprendre à tous les enfants qui la regardaient, combien ils peuvent se rendre malheureux par une étourderie d'un seul moment.

FIN.